انتشارات آسمانا

زیر گنبد دوّار

عباس امانت

نشر آسمانا، تورنتو، کانادا
۲۰۲۵ /۱۴۰۴

زیر گنبد دوّار
سروده‌های عباس امانت
ناشر: آسمانا، تورنتو، کانادا
طراحی جلد: آتلیه آسمانا
براساس طرحی از کیوان مهجور
صفحه‌آرا: آتلیه نشر آسمانا
نوبت چاپ: اول، ۲۰۲۵/ ۱۴۰۴
شماره آی‌اس‌بی‌ان: ۹۷۸۱۹۹۷۵۰۳۰۶۴

حق چاپ برای ناشر محفوظ است.
Asemanabooks.ca

زیر گنبد دوّار

عباس امانت

فهرست

سر آغاز	۱۳
زیر گنبد دوّار	۲۳
گذار فصل‌ها	۲۵
آوای فلک	۲۶
رازِ نهر	۲۷
کدام یار	۲۹
ناسُفته	۳۲
از ساختن تا سرودن	۳۳
رازهای نهفته	۳۶
مفتاح برگ	۳۸
مرز بی نشان	۳۹
رشته مِهر	۴۰
باغ آشنائی	۴۱
مثنوی مرغ و قفس	۴۲
پرسش عمر	۴۶
زخم فرود	۴۷
اینجا فکنده‌گان	۴۹
کهن چنار	۵۰
غم رفتگان	۵۲
چشمه‌های معصوم	۵۳
نهالا	۵۵

اختر امید	۵۸
شاخ کج	۶۰
شیراز	۶۱
بیلییات	۶۶
رویای یک شبه	۶۷
تک چهره	۶۹
دروازه رستاخیز	۷۳
سراب	۷۶
فانوس خیال	۷۷
خیال دیروز	۷۸
تماشاگه راز	۷۹
راز بهار	۸۱
دشت تشنه	۸۲
گنبد مینا نشان	۸۳
فرش زمانه	۸۶
ذره کوشا	۸۸
تِکِ تِکِ ساعت	۸۹
هفت در هفتاد	۹۰
از چه پشتی زاده‌ام	۹۱
یادهای رنگ باخته	۹۲
پیوندها گسسته	۹۳
قهوه‌خانه درویش	۹۴
بر پیشانی	۹۷
شهر یادها	۹۸

زخمه‌های ظریف	99
تبار ایرج	100
کدام رستم دستان	102
خر وامانده	103
تار و پود ما	104
کوزه‌گر دهر	105
وهم شبانه	107
درگهی که نبود	108

سرآغاز

شاید که ما دوران حضیض، یا که حتی افول، شعر فارسی را ناظریم. چند تنی از شاعران قدر اول از نسل پیش هستند که هنوز اشعار زبده می‌سرایند، اما از جوان‌ترها کسی را نمی‌شناسم. شاید نیز نشناختن حاصل ندانستن من است که نیم قرنی بیشترک از مهد شعر فارسی به دور افتاده‌ام. قریب یک دهه پیش از شاعر بزرگ معاصر، زنده‌یاد هوشنگ ابتهاج، پرسیدم آیا استنباط من از فقر شعر فارسی معاصر مقرون به واقع است؟ پاسخ داد شعر و شاعری اوج و حضیض دارد و زمانی می‌رسد که بار دیگر شاعران بزرگی سر بر می‌آورند. من حضیض را می‌پذیرم اما اوج را نمی‌دانم، شاید که زمانی بیاید. دهه‌ها پیش از این کسی عنوان برازندهٔ "شاعران در زمانهٔ عُسرت" را بر کتابی درباره تقریرات فلسفی نهاد. صرف نظر از موضوع کتاب، این عنوان همواره در ذهنم طنین‌افکن است. شاعران نوسرای ایران که بی‌تردید اوجی را در دهه‌های ۱۳۳۰ و ۱۳۴۰ تجربه کردند، خود طلایهٔ موج دیگری نبودند. نمی‌دانم انقلاب بود یا ضربه‌های دیگر که جز در نزد معدودی، زبان و بیان شعری را در این سرزمین کم و بیش خشکانید. این اواخر چند مجموعه شعر امروز به دستم رسید، کوشیدم بخوانم، اما چیزی دستگیرم نشد. طنزسرایان را بهتر می‌فهمم. چند شعری نیز از زنان جوان اینجا و آنجا خواندم و یا شنیدم که شاید سرآغاز اوج دیگری‌ست.

سرآغاز

یورش بنیان‌برافکن زبان انگلیسی به حیطهٔ بی‌پناه زبان فارسی روزمره نیز مزید بر علت شده است: مُخرّب، مهوع و مُسری‌ست و به جرئت می‌توان گفت که از اوج عربی‌زدگی عهد تیموری و یا هجوم فرانسه‌پراکنی در آغاز قرن چهاردهم خورشیدی هم وخیم‌تر است و دور نیست که عرصهٔ زبان فارسی را برای همیشه در هم بپیچد. در این وانفسا چه کسی تواند که به شعر بیندیشد؟ شگفتا که چنین شوق و شوری برای بزرگان شعر کهن چون حافظ و سعدی و خیام و فردوسی و یا نوسرایانی چون مهدی اخوان ثالث، فروغ، شاملو، سپهری، سایه، سیمین بهبهانی و شفیعی کدکنی در نزد بسیاری آشکار است؛ هم‌چنان‌که برای نواهای محمدرضا شجریان و دیگر خوانندگان دوران ما. اما این شوق ظاهراً نتوانسته طبع شعریِ تازه‌ای پدید آورد. چنان‌که در جای دیگری گفته‌ام، گویا ذوق و بیان شعری به بیان تصویری و سینمائی مبدل شده و شور و بیان شاعرانه را باید در نزد فیلم‌سازان ایرانی یافت که در شش یا هفت دههٔ اخیر آثار شاعرانهٔ چندی آفریده‌اند. پرداختن به این تحول اما فرصت دیگری می‌خواهد.

آن‌چه در *زیر گنبد دوّار* در برابر دارید خود شاید نشانه‌ای از موانع بزرگ و شاید عبورناپذیر در سرایش به زبان فارسی در زمانهٔ ماست. شاعران زمانهٔ ما کم‌وبیش می‌کوشند تا خویش را از بند صنایع شعری گذشته برهانند، اما شاعر فارسی‌گوی به گمانم هرگز نمی‌تواند خویش را از ابزار کهن تخیل در شعر فارسی و از میراث سخن‌سرایان بزرگی از رودکی تا بهار و از فردوسی تا فروغ جدا سازد. این میراثی پُر

عباس امانت

بار است که کار شاعر پارسی‌گوی را بیش از پیش مشکل می‌سازد. نه تواند که این میراث را یک‌سره نادیده انگارد و نه به آسانی از آن درخت پُر بار ثمری گیرد.

گزینش این پنجاه‌ودو شعر در این دفتر کوششی برای برقراری پیوندی میان شعر کهن فارسی از سویی و نوآوری در مضمون و شیوهٔ سرایش از سوی دیگر است. می‌دانم که به قول گذشتگان "بضاعتی مزجاه" دارم و هیچ‌گاه خویش را ورای سرایندهای "هر از گاهی" ندانسته‌ام. اما حال که در پایان به محتوای کار خود نظر می‌اندازم، مضمون یا مضمون‌های همخوان چندی را در این سروده‌ها می‌یابم که امیدوارم انسجام و پیوندی را در سراسر کتاب پدید آورده باشد. کوشش و کاوش برای ارتباط ذهنی و قلبی با این مضمون یا مضامین را بر عهدهٔ خواننده می‌گذارم.

نیازی به توضیح نیست که عنوان این مجموعه برگرفته از غزلی از حافظ است: "از صدای سخن عشق ندیدم خوش‌تر / یادگاری که در این گنبد دوّار بماند." آنان‌که با *ایران: تاریخ دوران نوین*[1] آشنایند شاید به خاطر دارند که همین بیت را در پایان کتابم آورده‌ام. باید بگویم که در هنگام گزینش این عنوان برای مجموعهٔ حاضر به این تقارن وقوف آنی نداشتم اما حال می‌بینم که شاید پیوندی نهانی در این میان هست. اگر در آن کتاب صدای سخن عشق پژواکی زیر چرخ پویای تاریخ

---

[1] Amanat, Abbas. *Iran: A Modern History*, New Haven: Yale University Press, 2017.

سرآغاز

پانصد سالهٔ ایران داشت (*صَدا* به معنی پژواک)، در این‌جا "زیر گنبد دوّار" نشانی از درگیری شاعرانهٔ کهن در شعر فارسی با فلک و چرخ و روزگار است. ماهیت نحیف و گذرای آدمی در مواجهه با جاودانگی زمان در شعر فارسی غالباً ملازم با رنج و بیچارگی است. در این عنوان واژهٔ "زیر" به معنای فرودست و کم‌توان در برابر چیرگی و جبر "گنبد دوّار" روشن است. اگرچه آدمی خویش را ناچیز و از دست رفته می‌بیند، اما کوشش برای آگاهی به سخن عشق راهی برای رویارویی با جبر زیستن در زیر گنبد دوّار است. در دوران جدید کوشش برای آگاهی یافتن به ماهیت این گنبد دوّار از راه دانش نجومی، هر اندازه که دروازه‌های شگفت‌آور نوینی را گشوده، اما شاید او را از "صدای سخن عشق" بیگانه ساخته است. امیدوارم پژواکی از این معضل اینجا و آنجا در برخی سروده‌های این دفتر محسوس باشد.

شاید بسیاری از اینکه مورخی به جای پژوهش و نگارش تاریخی در این دفتر راه سراییدن را برگزیده است شگفت‌زده و حتی ناخشنود شوند، به ویژه آنکه مضمون‌های این دفتر حداقل در ظاهر محتوای تاریخی ندارند. اما آدمیان را، از جمله این نگارنده را، دغدغه‌های فکری و درگیری‌های "دل‌آگاهانه" چندی‌ست. اگرچه تعهد به تاریخ‌نگاری همواره در من غلبه داشته و دارد، اما "چون به خلوت رفته‌ام" به قول حافظ "آن کار دیگر" کرده‌ام. برخی باده‌پیمایی و نظربازی کرده‌اند و یا در اینستاگرام و یوتیوب و نظایر آن از رنج جانکاه جلوت (در برابر خلوت) رسته‌اند، برخی نیز آن راه کهن سرایش را برگزیده‌اند.

من از این‌که همواره به لانهٔ پیش‌ساختهٔ معینی پرتاب شوم ناخشنودم؛ یعنی یک دوقطبیِ اغلب ساختگی: این یکی مورخ است و جایگاهش پژوهش تاریخی‌ست و آن دیگری شاعری سوخته‌دل و آشفته‌سر. روزگار این دوقطبی‌ها شاید به سر آمده؛ شاید هم روزگار شاعران تمام‌وقت، نظیر آن طوطیِ شاعر در نمایشنامهٔ بی‌نظیر شهرقصه از بیژن مفید.

در جمع‌آوری این دفتر از بخش‌هایی با مضمون‌های معین احتراز کرده‌ام اما امیدوارم که ترتیب شعرها خود نشانه و راهنمایی، هر چند گنگ، برای یافتن سیر تحولی در مضمون‌ها باشد؛ سفری در شیوه و معنی برای آشنایی با دیدگاه سراینده و ساحت شعری که وی در آن تردد می‌کند. به گفته مولانا "آن چه می‌خواهد دل تنگت بگوی." افزون بر این، اینجا و آنجا اشارات و ارجاعات متعددی به سروده‌های پیشینیان و یا به جاها و افسانه‌ها آمده است. در این مقدمه و یا در پانویس سروده‌ها این اشارات شرح نشده است زیرا با کمی دستکاری در سخن لسان‌الغیب می‌توان گفت "هر کسی آن دِرَوَد عاقبت کار" که دلش می‌خواهد. به اضافه چنین توضیحاتی ممکن است حمل بر خودستائی نگارنده گردد. این هم تفاوت دیگری با پژوهش تاریخی ست که همه جا باید در متن یا حاشیه همه نکات را مشروحاً بیان کرد. به گمان من در دفتر شعر این نوع توضیحات جائی ندارد زیرا لطیفه شعر در همین رموز نهانی‌ست. باز هم به قول حافظ "یک نکته از این معنی گفتیم و همین باشد."

سرآغاز

با این حال یک نکته کوچک محتاج به توضیح است؛ سه شعر نسبتاً بلند در این دفتر زیر عنوان "ییلیات" آمده است که آن را بر وزن حبسیات در شعر فارسی و عربی ساخته‌ام و اشارات چندی به دانشگاه ییل (Yale University) دارد، از جمله به شعار یا نشان این دانشگاه به لاتین: Lux et Veritas به معنی"نور و راستی" و یا "روشنی و راستی" که با معادل عبری آن آمده است. در "رویای یک شبه" این شعار در متن واقعیت‌های تاریخی‌ای قرار گرفته که در طول سیصدوبیست‌واندی سال بر این دانشگاه قدیمی گذشته است. هم‌چنین گورستان مذکور در "دروازه رستاخیز،" که در جنب دانشگاه ییل واقع شده و قدیم‌ترین گورستان غیر کلیسائی آمریکاست، سردری به سبک مصر باستانی با پیامی آشکارا رستاخیزی دارد که در تصویر هم آمده است. شعر مذکور اشاراتی به این سابقه رستاخیزی دارد.

حال باید پرسید که چه ضرورتی برای نشر این چنین دفتری می‌توان تصور کرد؟ پاسخ من بیش از هر چیز معطوف به همدلی سراینده با خواننده است، به‌ویژه در زمانهٔ پر آشوبی که شاید بیش از هر دوره‌ای در تاریخ معاصر آدمی گرفتار بحران‌های سهمناک و بنیان‌برافکن است. به اعتباری آن مفهوم قدیمی جبر "سپهر تیز رو" و آدم "فلک‌زده" حال در جامهٔ بحران محیط زیستی و یا حضور دوبارهٔ قدرت‌های خودکامه محسوس است. در این وانفسا این سروده‌ها در اقیانوس بی‌کران عصر "رسانه‌های اجتماعی" شاید قطره‌ای بیش نباشد، اما شاید اندکی هم‌صحبتی با اهل سخن و اهل دل را ممکن سازد، هر

عباس امانت

آن‌قدر که شمارشان ناچیز باشد. روزی ویراستار دیوان اشعارِ ادیب پیشاوری، شاعر سخن‌دان اما بد خُلق و گوشه‌گیر ابتدای قرن چهاردهم خورشیدی، شکایت از شیوه و محتوای پیچیده و مشکل‌فهم قصاید استادش داشت و می‌گفت که شاید تنها یک تن از عهدۀ فهم آنها برآید (شاید مقصود خود ویراستار بود). پیشاوری پاسخ داد: "من برای همان یک تن سروده‌ام." البته شاید مقصود شخص خودش بود. ضرب‌المثل معروف "المعنی فی بطن الشاعر" بی‌مناسبت نیست. سروده‌های این دفتر نه چون قصاید پیشاوری معماگونه است و نه من آنها را تنها برای خودم سروده‌ام.

تنها چند تنی پاره‌ای از این سروده‌ها را خوانده و یا شنیده‌اند. دوست عزیز دکتر احمد کریمی حکاک با حوصله و سخاوت طبع ولی از دیدگاه انتقادی برخی را خواند و ایرادات شعر مرا با اِشرافی به دقایق و لطایف سخن گوشزد کرد. او مشوّق و راهنمای من بود اما نقایصی اگر در کار است همه از من است. از دوست دیرین کیوان مهجور برای طرح هنرمندانۀ روی جلد سپاس‌گزارم. همسرم مریم با علاقه و دلسوزی (و با معرفت به کیفیت شعر، به‌ویژه شعر فرانسه)، تقریباً همگی این سروده‌ها را خواند و آشکار نقد و نظرش را گفت اما همواره مرا دلگرمی داد. آنچه در این دفتر آمده است بی‌تأیید نظر او نبوده اما نقایص همگی معطوف به من است.

عباس امانت

اسفند ۱۴۰۳

زیر گنبد دوّار

زیر گنبد دوّار

آن پیر به نجوا چه می‌گفت
در گوش آن مست خواب‌زده؟
دُردکِشی که تا بامداد
رقصان به ضرب اصول
دستی به ساغر و دستی در ساعد ساقی
غزل سروده بود.
ما را به آن پیام پنهان چه راه
از پس سَدها و سَده‌ها
از پشت درهای فرو بستهٔ ایام؟
گیرم که هفت کفش و هفت عصای آهنین‌مان بود
تا بدین سودا بپوشیم و بساییم
و هفت طلسم سحرآسای تا بر تن نهیم
و هفت اکسیر نایاب تا بر مسِ جان زنیم
و هفتاد و هفت اسم اعظم
تا به ذکر خفیف بخوانیم
در آرزوی گشودن آن دروازه‌های فروبسته.

در گوش رند دل بیدار
راز پیرمیکده را شاید هنوز پژواکی ست

سخن عشق را صدائی
پیچان زیرگنبد دوّار.

فروردین ۱۴۰۱

گذار فصل‌ها

باید پذیرا بود
بی دریغی و درنگی
گذار فصل‌ها را
چون قطره آبی در بیابان
کو دمی دیگر بِخُوشد
زیر شعلهِ خورشیدِ تابستان.
خشکْ برگی، سُوده و تنها
کو بپیماید ز شاخی در خزان خاموش
رَه به پایان.
کهنه برفی انباشته در جوی کوچه
چون سپارد اندک اندک قطره‌ها را
به روان باریکه جویی در بهاران.
یا سُبُک ابری سحرگه
کو نویساند دَم رفتن پیامی بر سپیدِ آسمان:
"لختی‌ست کوته بَر گذرگاه دو دَر
پیش‌تر ز آن که داس بامداد
بدرَوَد از مزرع سبز فلک
بی‌شماری اختران. "

آبان ۱۴۰۰

آوای فلک

گردش دور فلک را دگر آوایی نیست
واگرش هست صدائی ز دف و نایی نیست
وآنچه ماندست بجا ناله بیداد است و فغان
خستگان را دگرش مرهم و مأوایی نیست

بهمن ۱۳۹۹

دیدی آن قهقهه کبک خرامان حافظ
که ز سر پنجه شاهین قضا غافل بود؟

برای جان گرنی

رازِ نهر

به نهرِ آکسفورد در نوبهاری
دَمی سرخوش به گشتی و گذاری
بدیدم سرخ پَر بازی بر افلاک
همی جویای صیدی و شکاری
دگر مرغی نشسته در دل جوی
زده منقار خود در آبِ جاری
به خود گفتم دریغ از بازی چرخ
که کس را نیست از دامش فراری
چه بر افلاک یا در ژرف پایاب
یکی مرغ اجل یابد شکاری
خوشا هشدارِ پندِ رندِ شیراز
به آن کبکِ خرامان در صحاری:
خرامان می‌چَمی در دره و دشت
پی جفتی و هم جویای یاری

مشو غافل ز شاهین قضا نیز
که گه سایه زَندَ بر چشمه‌ساری
گشاید پنجه و ناگه چو تُندر
بر آرد از پَر و بالت دماری.
به چشم جان چو بینی مرغ و پرواز
الا دریاب راز نهر جاری.

خرداد ۱۳۹۹

آن یار کزو گشت سر دار بلند
جرمش این بود که اسرار هویدا می‌کرد
حافظ

کدام یار

دُردکِشی پرسید: "کدام یار؟"
دگری خندید و گفت: "کدام اسرار؟"
سرمستی خواند: "چرا بَر دار؟"
ما همه پُرسان نظر بر پیر میخانه افکندیم
خاموش بر درگاه
دست را بگرفته حائل پیش نور صبحگاه
این چنین خواند او به نجوا:

"رازِ جانان
کو همی جویند هر دم بر سر هر کوی و هر بازار
نیست رمزی جز در ضمیر ما
این همه ماییم تنها
افتان و خیزان.
آن شیدای سَر بَر دار
کو خدا در آستین می‌جُست
قصه‌اش پایان گرفته

خرقه‌اش خالیست
ترفندی ندارد در آستین.
هر چه هست اینجاست
نقش دیگر نیست
این همه در ساحت زیر است
خامش آن چه در بالاست.
آن که تکیه بر عرش برین می‌زد
دیری‌ست خالی کرده سریر خویش
در دیار وهم خفته‌ست."

پیر آنگه روی در ما کرد
آستین دلقش سوی ما چرخید
حفره‌ای تاریک و خالی می‌نمود
هیچ اندر هیچ
بی آغاز و بی پایان.
با خود اندیشیدیم ما:
چه می‌دید آن شیدای سَر بَر دار؟
نقشی از خویشتن در آستین شاید
کو قُدس لاهوتیش می‌پنداشت.
لیک حال
خالی از افسانه و افسون دیرین

سالکی گر جویدش در ساحت زیرین
کی ببندد طَرف آسایش فرو افتاده‌ای تنها
در شبی بی‌انتها؟

آبان ۱۴۰۲

ناسُفته

یارا سخن از دهر نگفتن تا کی
رازِ آن پیر خرابات نهفتن تا کی
شرحِ آن قصهٔ فردوس سرودن تا چند
وصف آن گوهر نایاب نسُفتن تا کی

تیر ماه ۱۴۰۱

از ساختن تا سرودن

از ساختن تا سرودن
وز سرایش تا سروشی را شنیدن گه‌گاه
یادگارِ صدها سال یا شاید هزار
در دوردستی، دَره‌ای مهجور
سنگلاخی قلم‌فرسای
پُر ز بیگانه واژه‌های زشت و ناموزون.

حال شاید در رباطی کهنه و ویران
گوهر ناب سخن را باز باید جُست
در غبار قرن‌ها مستور
در قعر چاهی ژرف و بی‌نشان.
کان چراغ شعرگویی هنوز
کوُر سُویی می‌زَنَد
چو گنجی خفته در ویرانه‌ای.
دُرّ نایاب سخن شاید که یابد پَرّ پرواز
بر سمند نقش‌پرداز خیال
هم رها از برج و باروی عروض
هم ز زنجیر ردیف و قافیه.
گوییا جای درنگی نیست

در وادی نظم کهن
پای در زنجیر اوزان و بحور
مثنوی، ترجیع و ترکیب و رباعی
سَر کشیدن در سرای تَلمیح و مدح و ذَم
پا نهادن در کارگاه تشبیه و اشاره
بندبازی با ایهام و استعاره
استقبال و مراعاتِ نظیر و اقتباس
یا گذشت از حِصن تضمین و جناس
وز فراز نردبان‌های موزون و مقفیٰ
بَر شدن بر قُلهٔ قاف قصیده
هم گذاری در کوچه‌باغ تشبیب و تغزّل.
شاید آنگه باز یابی دُرّهٔ نابِ سخن را
به وردی و فسونی
در خلسه‌ای شیرین میان خواب و بیداری
پر ز رنگین واژه‌ها و طُرفه تعبیرات
همراه با نایی و نوایی
شادمان کاینک گشادم باروی نظم مُعظّم را
به تیغ تیز و خوش‌دست خیال.

لیک چون بنگری نیک دیگر بار
در صبحگاه هشیاری

نبینی بیش سرگردان پاره‌سنگی
از شِهاب رنج و تنهایی
فتاده بر ضمیر خام ناهشیار
در دام اکنون‌ها گرفتار.

اسفند ۱۳۹۹

رازهای نهفته

آن رازهای نهفته
حکایت‌های ناگفته
بندیِ بند زمان‌اند
طلسمِ دیو نسیان را گرفتار
پشت دیوار درون
لحظهٔ دیدار را در انتظار.
شکایت از جدائی هاشان چه سود
گر که بانگِ نایی از دوردست آید
کو در نفیرش حکایت های دیرین را سراید؟

باشد آیا در سحرگاه امیدی بی‌نشان
خالی ز ترفند زمان
آن بانگِ در سینه نهان را بازگوید
شرح درد اشتیاق را بازجوید
روزگار وصل را دور از فِراق یار پوید؟

لیک افسوس کان دیوانِ نسیان

هم کُشند آن اخگر امید را
و هم چیره بازش در کِشند
در وادی خاموش هجران.

اردیبهشت ۱۴۰۲

مفتاح برگ

هر سال که بگذشتی از بخت جوان تو
برگی‌ست پُر از معنی در دفتر جان من
رمز گذری باید مفتاح به هر برگی
تا باز کُند رازی در متن روان من

مرز بی‌نشان

نمی‌بردم گمان هم در پیامت
ز مِهر خُفته‌مان رمزی نهان است
به زیر واژه‌های گُنگ و مبهم
رهی دشوار بر کَنزی نشان است
اگر ریگی به پا پوشت نبودی
چرا تردید در چشمت عیان است؟
مرا همت کنون پستی گرفت از گردش دور
ترا چون در خزان غَمزی به جان است؟
مگر راه صفا پوییم و گوییم
به ساز دوست هر طرزی روان است
وگر شیرین دو سویه عشق می‌باخت
که معشوق از پی‌ام هر دَم دوان است
چنین فرهاد پاسخ گفت او را
که جُوی من به مرزی بی‌نشان است.

امرداد ۱۴۰۲

رشته مِهر

رشتهٔ مِهر ما بگو حال چرا ز هم گسست
زورق سودای عشق چگونه در گِل نشست
یا ز سر فریب بود آن همه وعدهٔ وفا
یا که به آخر آمد آن قصهٔ عهد الست

مهرماه ۱۴۰۰

باغ آشنایی

پیوند مهرورزی دیریست واگسسته
پیمان شادکامی در خاک غم نشسته
دیگر چه مانده باقی از باغِ آشنایی
گُل‌های جان فِسرده، تَن‌ها خمود و خسته
دیدار یار گویی امید بر محال است
در کوره راه هجران بس هرز بوته رَسته
برَ گِردِ باغ بی‌برگ، رویین دژی قد افراشت
دیواره‌ها فلک‌سای، دروازه‌هاش بسته
فرهاد پیر و تنها کو ره به برج می‌جُست
دردا که زخم تیشه بر فرق خود شکسته

آذر ۱۳۹۵

چه جای شکر و شکایت ز نقش نیک و بد است
چو بر صحیفه هستی رقم نخواهد ماند
حافظ

مثنوی مرغ و قفس

پرده‌ای صورتگری در باغ بُرد
واندر آن نقش قفس در کار برد
مرغ خوشخوان چون قفس از دور دید
بر پرید ازشاخ و ترسان وارهید
کاین چنین نقشی پر از رنگ و نشان
سخت باشد رستن از آن بی‌امان
حال بنشینم به دور از بند او
دل نهم بر کار خود وارسته زاو

باز چون چندی به حسرت خیره ماند
نقش پرده بر دلش مِهری نشاند
بی‌محابا سویش آنگه پر گشود
با دلی خالی ز هر ترس و شهود
چون فرود آمد درون و ره ندید
خویش را ناگه به بند اندر بدید

وآن قفس پیرامنش دامی گران
محبسی بی روح و بی نام و نشان
بسته و تنها و خامش بُد قفس
ره به بیرون کی تواند بُرد کس؟
لاجرم در داد آوازی حزین
تا سراید رنج خود با هر قرین
ناله‌اش پیچید اندر طَرف باغ
هم بنالیدند مرغان در فراق
جملگی با آن نوا همدم شدند
در غم آن مرغ افتاده به بند:
"روزگارا! بختمان شور است و شوم.
نیست این هم در خور زاغی و بوم
در اسارت مرغک خوش آب و رنگ
می‌نبیند جز عذاب و درد و ننگ
یاد پرواز از سرودش می‌دمد
لاجرم جان از نهادش می‌رَمَد."

حالیا نقاش این معنی شنید
زاد و بودش یکسره از هم درید
پس قلم را بی‌امان در کار برد
رشته‌های آن قفس یک یک سترد

بال مرغ از بند زندان باز کرد
عشق پروازش دوباره ساز کرد
پر کشید آن مرغک و با باد شد
وز رهایی جان او دلشاد شد.

چونکه نقاش این رقم بر پرده دید
در شگفت آمد از این راز و پدید
مرغ رفت و در پی‌اش گم شد قفس
گوییا هرگز نبودی نقش کس
بر سپید پرده یک دم خیره ماند
مرد صورتگر در آن رمزی بخواند:
"نقش ما بر صفحهٔ این روزگار
اندکی ماند ولی کو آن قرار؟"

چونکه جان بی‌تاب می‌گردد ز تن
برنمی‌تابد همه رنج و محن
عاقبت آن رشته‌ها را بگسلد
گاه رفتن می‌رسد ور خوب و بد
مرغ جان چون از قفس بیرون پرید
باز می‌ماند، هیچ، جز بوم سپید
دست دوران می‌زند طرحی لطیف

لیک نقشی‌ست بر آب آن نحیف
یک دمی پیدا و دیگر گه نهان
قصه ما زین حکایت بازخوان
این چو فرهادی و تندیسش بگوی
پاک می‌گردد نقش و هم نقاش اوی
وآن چه می‌ماند مگر یادی و آن
اندکی می‌پاید و دیگر نهان.

بهمن ۱۳۹۸

پرسش عمر

سال‌ها بنوشتم به تَعَب دفتر دانایی را
لوح دل با قلم شوق زدم نقش شکیبایی را
در سَرم بود گشایم به خِرَد پرسش عُمر
لیک جز راز ندیدم اثری گنبد مینایی را

دی‌ماه ۱۳۹۹

زخم فرود

کِشته عُمر مرا حاصل ایام چه بود
شرری خُرد دمی خاسته از شمع وجود
زادنم را چه اثر بود به دهر
رفتنم را چه نشان در همه بود و نبود
چو نهالی که کشد سَر به فلک بی پروا
عاقبت باز خورد از تبری زخم فرود
دل اگر در گرو طرّهٔ یاری بنهیم
دست ایام گشاید خم و پیچش زود
هم اگر باز نویسیم غم و شادی دل
روزگاران ستُرد دفتر آن شعر و سرود
قصهٔ رنج زمان گر بنگاریم به عقل
زهر خندی زند آن چرخ که "این پوچ نمود!
راز دهرش تو چه دانی که مرا در خورجین
طرفه‌ها هست فراوان که بدان نیست ورود."
شِکوه‌ها چون بسراییم به آهنگ فلک
پُرسدش باز که "این نغمهٔ ناساز چه بود؟
راه خود گیر و به شادی نفسی چند برآر
پیش از آنت که گشایند همه تار ز پود."
چه توان گفت به پاسخ مگر از بازی دهر

بیدق جان برهانیم ز شه مات وجود
دیده روشن به نگار رخ یاری بکنیم
راز دل باز گشاییم به گفت و به شنود
حسرت دوری از آن یار و دیار
گه نوازیم به زخم دف و گاهی با رود
نقش جان چند تراشیم چو فرهاد به کوه
وانگهش باز زداییم به هنگام درود؟

اینجا فکندگان

از نیستی گسستیم، کاری نمی‌شود کرد
اینجا فکنده هستیم، کاری نمی‌شود کرد
درکاروان هستی، رنج سفر سهم ماست
دروازه عدم را گیرم که باز بستیم، کاری نمی‌شود کرد

تیرماه ۱۴۰۰

کهن چنار

ای کاش کهن چناری
بر سرِ چشمه‌ساری
پشت گِلین دیواری
سَر پوشش از خس و خار
باریکه جویی زمزمه‌پرداز
هرز بوته‌ای چند در کنار
ره گشاده ز دامن کهسار
سوی تالابی حقیر
با سرخ ماهیانِ بیکار
تپه ماهوری این سوی
آبادی‌ای فرا روی
آغشته در غبار
زنگولهٔ بُزی از دور
پیشتاز رمه‌ای آن سوی ماهور
گاهی نهیب دشتبانی
ماغ گاوی
غارغارِ کلاغی
وزوز سنجاقکی بر آب
نیِ کودک شبانی

آمیخته با نوای نسیم
همخوان با صدای جویبار
بر پهنهٔ مرطوب خاک
سایه افکنده چنار

پشت بر پاره‌سنگی
در پناه سقف سبز یادها
خیره‌ام در سایه‌بازی‌های برگ
با ستون‌های بلند آفتاب
گه نهان و دیگر گه آشکار
نقش‌هایی بس شگرف
می‌زند هر لحظه بر بوم خیال
نقش‌های بی زوال
داستان‌هاگویی که می‌آرد به یاد
از پسین روزن‌های ماه و سال
آن درخت و چشمه و آن کوهسار
سال‌های کودکی را یادگار

تابستان ۱۳۹۴

غم رفتگان

غم رفتگان در دلم زنده مانَد ذخیره
چه دیروز یا سالیان خفته در خاک تیره
دمی زنگ هشدار لرزاندم در درون
هر آنگه که تیغش رباید یکی را به چیره

دیماه ۱۴۰۰

چشمه‌های معصوم

ای چشمه‌های معصوم
که دیریست در خَم کوهی
به لالای نسیمی مغموم
به خواب رفته‌اید

ای خوش‌تراش چنارانِ کهنسال
سرفرازانِ سایه نگهدار
که رازی نهفته را هر دَم
می‌سرایید در خیال بهار

ای جوی‌های خروشانِ فرود و فراز
روان به دشتِهای مشوش
به زمزمه و آواز
گشوده دست عطا سوی تشنگان زمین
گشاده دامن صحرا به بازی‌ای طناز

ای خیل غوکان غوطه در تالاب
ماهیانِ سر کشیده از پایاب
شادمان بوته‌های رُسته در پَهلو
ای چکاوک که تشنه خُنک آب

کنون که در زمانه‌ای بس دور
نشسته‌ام به سرایی نهفته و مستور
برون ز گشت و گردش ایام
جدا ز خویشتن در شبانگهی دیجور

نمانده هیچ اثر ز گمشده راغ
مگر که به یادی نهفته در ته باغ
به زیر پُشتهٔ انبوه از خس و خاشاک
در این شب تیره چون پَر زاغ

بسان کهن جامه‌ای پُر ز نقش و نگار
که باخته رنگش به گردش اعصار
برون کشم آن یاد پاره از ته پستو
ز پود مایهٔ جان و تن از تار

همان خیال مرغ و پرنده، آب روان
نشسته در بن یادم به سال‌های کلان
فتاده چو طرحی به تارهای وجود
چو نقش تیشهٔ فرهاد بر به کوهستان

آبان ۱۳۹۸

از جمادی مُردم و نامی شدم
وز نما مُردم به حیوان سر زدم
مُردم از حیوانی و آدم شدم
پس چه ترسم کی ز مردن کم شدم
مولانا

نهالا

نهالا که داری تو رازی نهان
ز پیدایش و رویش زندگان
تو ای مرغک بَرنشسته به شاخ
که در نغمه‌ات خفته رمزی ز جانان
چنین گفت آن بلخی رَه فتاده به روم
جمادی به نامی درآید و زآن پس به حیوان
بپوشد دگر جامه و از پس آن گذار
بخواند همی خویش را نوع انسان
یکی "فخر عالم،" یکی گوهری نادر و ناب
خردمند و قادر چو دُرّی درخشان

دریغا که گفتار آن پیر روم
فراتر دگر بر نیاید ز انسان
نخستین به شهر ملائک

وزان بَرشدن پیش‌تر سوی جانان.
که حالی دمیده است ابر سیاهی
که می‌بَرکُشد زیست را در جهان
به هر روزن تن نَهد ذره‌های پلیدی
براندازد آن نسلِ پاکی و هم پاک‌زادان
همان غاصب مُلک هستی
که دارد ز اهریمن دهر فرمان
زَنَد تیشه بر ریشهٔ هر چه هست
کَندَ بیخ هستی کُنَد محو و ویران
ز خیل شریران برآرد یکی لشگری
نشیند بر اورنگ تار زمین و زمان
تبه کارِ خاک و هم ذره پالای آب
شریکی بدین کاروان و رفیقی به دزدان
دگر تا نَمانَد نشانی ز نیکان به گیتی
مگر در دل تنگ خمیازه‌ای در کُهستان
نشسته به غاری رها از غم هوشیاری
گرسنه ولی بی‌گنه از بد روزگاران
همان کس که تنها نشسته به قاف
چو زردشت در گفته پور آلمان
چو یاد آیدش رُویش سنگ تا آدمی را
وزآن پس خیال پریدن به کیهان

بخواند به افسوس در دل که ای کاش
همان مانده بودی جمادی کماکان
و یا چون نهالی و جانور گونه‌ای
چرا تا برآید دگر جنس انسان
بُدی پاک از سلطه و سروری
هم از جاه مُلک و از ثروت بیکران
قناعت گزیده ز دنیا به غاری
چون آن پارسای ترسیده دل در گلستان

خرداد ۱۹۹۹

اختر امید

کوره‌راهی را پیمودن
در حسرت شاهراهی
و تیره‌شبی را به سر آوردن
در خیال صبحگاهی.

چه بود آن همه امید
که خرسندشان می‌داشت
سَده‌ها، بل هزاره‌ها
در آرزوی محالی؟
آن‌گاه که دیو سیرتان زمان
می‌زدند بر فَرقِشان
زخم‌های شرارت
و بر گُرده‌شان
تازیانه‌های مرارت
و بَر پایشان
بندهای اسارت؟

ما نیز چو آنان آیا
در بند اهریمنانیم

از همان تبار
و بندی بندِ دژهایشان
بر همان قرار؟
بُوَد آیا که روزکی دیگر
رهیده ز زندان آن حصار
بینیم اختر امید را
دمیده در افقی دور دیگر بار؟
سپیده فَلَقی که ره نماید راست
میان روشنی روز و شبگه تار
گم‌گشتگان کوره راه را
به سوی وادی ایمن
به رستگار دیار؟

مانَد اما چو خوابی خوش
یکی رویای بی‌تعبیر
گُنگ و چیستان‌وار
کو هزاران داردش در آستین
روزگارِ آزگار.

دیماه ۱۳۸۸

کانت گفته:

"Out of the crooked timber of humanity no straight thing was ever made."

شاخ کج

خوش گفت به طعنه آن حکیم آلمان
در وصف سرشت نوع انسان
"از شاخ کج درخت آدمیت
هرگز نشود راست جهان را بنیان"

شهریور ۱۴۰۰

شیراز

بامدادان که مِهی رقیق از تپه‌های ابیورد
چون حریر سپیدی غبار از چهره شهر می‌زدود
و فَتّانهِ باغ نقاب برمی‌افکند تا چهره بشوید از خواب شبانه
وعطر بهارنارنج رایحه لطیفی از هَر هَفت بامدادی‌اش بود
من بر جاده خاموش باغ اِرم
آینه‌داری بودم گویی برآمدن خورشید خاوری را
که چهره می‌گشود به دیدار روز.

آن روزها شیراز زیبا بود
خندان بودیم و خوش‌خیال
و اگر قیل و قال مدرسه می‌گذاشت، بی‌خیال.
پَرسه در باغ و صحرا را خوش‌تر می‌داشتیم تا غوطه در Calculus 101
معجونی جان‌گزا از سنخ "اجباری"
که بی‌امان تازیانه‌های مُشتق و جذر مرکب را بر گُرده ما می‌کوفت
تا روز روشن را به شامی تیره بدل سازد.
چه سانحه‌ای رخ نموده بود تا پوری از دوده‌ای سخن‌سرا
وصال را در ساحت “اعداد اصم“ جوید؟
آیا نسیم عطرآگین حافظیه به مشامش نخورده بود
یا آن نفخه مُشک‌بار را راهی به دانشکده ما نبود

تا دمی بیاساییم جفای پاسداران علوم دقیقه را
که سرانجامی جز در سایه شیمی Pauling و بیولوژی Campbell
برای ما رقم نمی‌زدند؟
اَسَفا که زمان آموختن رموز رندی به سر آمده بود
برای ما "پیش پزشکیان" که هاتف غیب‌مان بی‌وقفه ندا می‌داد:
"drop کن تا به دوزخ F فرو نیفتی"

با نمای یاخته‌ای در برابرم گشاده
پُر ز نام‌های بیگانه
در کتابخانه میان علوم و ادبیات
در وادی خیال
در راستای دالان‌های کتاب
از این سوی تالار تا به آن سوی
در جست‌وجوی خویش
چون غریبی تشنه و تنها
رَسته از زنجیرِ درس جبر و دیگر جبرها
پَر کشیدم سوی شهرِ قصه‌ها
سوی تاریخ و روایت
یافتن در هر کتاب کهنه‌ای دُردانه‌ای
گردشی در باغ‌های طرح و نقاشی

شگفتی از پیام هر حکایت
بازگشتی شادمانه سوی شهری آشنا
سوی باغی پرطراوت.

در خیابان‌های خلوتِ شیراز
در غروب آفتاب
آن‌گه که سایه‌ها اندک رنگ می‌باخت
می‌چشیدیم طعم شیرین رهایی را
در فنجان اسپرسو در Milk Bar
می‌باختیم دل در گفت‌وگوی یار
و می‌آموختیم گه رمز وفا
و دیگر گَه ترفندهای جفا را
دل اندر شعر و داستان
خنده و هزل و بندبازی با واژه‌ها
جُستن طنزی به هر جا
لبخندی و گاهی خنده‌های فارغ از دنیا
در شربت‌فروشی‌های خیابان زند
گه‌گاه نیز در صحرا
ملالت‌های بعد از ظهر را وا می‌نهادیم
در دامن فیلم‌های تکراری و ارزان
در "دو فیلمه" در سینما ایران

بامدادان در کوچه پس کوچه‌های پشت شه چراغ
در گذرهای کهنه، سراهای نیمه ویران
باز می‌جُستیم از یاد رفته زمان‌های منزه را
زیر نارنجستانِ عطرآگینِ بیت باب.

چه زود سر آمد آن روزها
آن گه که بازگشتم
در پایان تابستان
تا به انجام آورم آن راه بی‌انجام را
تا که آغازم راه دیگر، سنگلاخی پُر ماجرا
از روی دیوار اتاقم برداشتم نقاشی‌های ژاک را
وز بسترم قلمکار بازار وکیل را
و بر دوش برُدم به زحمت
رادیوی سنگینِ RCA
مونس محفل دوستان را
که شبها به زحمت می‌پراکند بر موج کوتاه
گفتار فارسیِ رادیو پکن را
در مدح آن کلان‌کُش
که جنایت‌های دژخیمانش را
انقلاب فرهنگی نام می‌داد
با صدای آن دربدر ایرانی گمراه

کو رستگاری را در بهشت مائوتسه می‌جست.

کتاب‌های درسی ماند بر جا
کنار پلکان خوابگاه
سهم آن آیندگانی که می‌جُستند علم و جاه.
نشسته در ردیف آخر ایران‌پیما
از آن سوی دروازه قرآن در سحرگاه
وداع گفتم سواد خاموش و پُر غبار شهر را
دل‌شُسته اما اندکی غمناک.

مهرماه ۱۳۹۹
.

ییلییات

- رؤیای یک شبه
- تک چهره
- دروازه رستاخیز

Lux et Veritas

رؤیای یک شبه

رؤیایی یک شبه بود
یا کابوسی چهل ساله
که به سر آمد در آن حصار؟
شاید نیز ناگزیری
که پیر دهر بر من خواب‌زده بنهاد
تا چو مرغکی خُرد
در جست‌وجوی سیمرغ نام
اکسیر خِرَدی را جویم
که دیوان افسانه‌اش به شیشه نهاده
در سنگلاخ جان‌فرسای آموزش و نگارش.

این همه پیش از آن‌که پای نهم در آن دژ پُر تشویش
که هر خشتش آیینه‌ای بود یادگار قرن‌ها
پیش از آن که بنیادش گذارند
و چینه‌ها بر هم نهند
با آن حروف عبری منقور در آجرها.
آن پیام "روشنی و راستی"

یادگار آن پاک‌جویان ساده‌انگار
که بهشت بَرین را در این زیرین می‌جُستند
و خویشتن را تافته‌ای جدا بافته
از سلکِ مؤمنانی رستگار.
اما پیام سَر بِه مُهرشان را نفرینی بود
پنهان در پشت واژه‌ها
خفته در هر جِرز دیوار
از آه بردگان خانه‌زاد
یا ز فریاد مُردگان در کشتزار.

چه جای دل نهادن بودی
به سودایی بزرگ در این بازار
که پیامش انتشار بود یا انتحار
رندی به خنده گفت: Yale یا Jail ؟
گفتمش: زنم قلم همه‌گَه وَر به دیدهٔ خویش
اگر به صدر نشینم در این میانه یا که به ذیل.

فروردین ۱۴۰۲

تک‌چهره

چه سال‌ها که بر دیوار تالار ما آویخته بود
در قابی مکلف، پُر ز آفت ایام.
سی‌وسه سالش را خود شاهد بودم
که بر کرسی‌ای یَله داده
خیره در چشمان ما می‌نگریست
حضور غایبش گُریز ناپذیر بود
با سبیلی تا بناگوش و مویی آراسته به اسلوب زمانه
میانه‌سال مردی شاید از دهه‌های آغاز قرن پیش
در جامه‌ای از توئید اسکاتلندی
که بوی تنباکوش گویی از کهنه تَرک‌های بوم بیرون زده بود.

چه کاره بود؟ بارها با خود اندیشیدم
آنگاه که مرغ خیال
رها از قفس گفت‌وگوی همکاران
در آن تک‌چهره به جستجوی هم‌صحبتی می‌گشت
شاید که مورخی بنام بود،
اگرچه لوحه زیر تصویرش رازی را نمی‌گشود.
اما آنقدر بود که رقابت دیگر چهره‌ها را دورتادور تالار بخش تاریخ
دهه‌هایی چند تاب آورد

و بشنود گفت‌وگوهای دراز را
بر سر مشاغل و ترفیعات، برنامه درسی، آزمایش و معیار انتخاب
و گاه نیز تبانی‌های پلید پشت پرده
مشاجرات پنهان و آشکار
راست‌های فتنه‌انگیز و دروغ‌های مصلحت‌آمیز
و صدها، بل هزاران، سخن‌پردازی جویندگان شغل را
گاه ناشیانه و گه ماهرانه، گاه متین و گه یاوه
از ینگه دنیای پیشا جمهوری گرفته تا پایان جنگ سرد
از بردگان سیه روزگار تا پنبه‌کاران تبه‌کار
از اقصای هند تا دیوار چین
از کینه‌ها و کلان‌کُشی‌های بی‌شمار
همه را شنیده بود.
اگر مورخی بنام نیز نبود
پس از این همه سال و ماه
این همه گفتار و گفت‌وگو
حال می‌بایست همه‌دانی می‌بود
که هیچ اَبر روایتی از هیچ اَبر مورخی خرسندش نمی‌ساخت
شاید هم آنقدر مهمل شنیده بود که دیگر تاب شنیدن نداشت
نگاهش چون عاقلی در سفیه بود
یا کهن‌سالی بی‌حوصله و از اوج در افتاده
چشم به راه پایان کار

پایان کار اما بر دیوار تالار ۲۱۱
به تیغ بی‌دریغ قتّاله رخ نمود
که حتی خاموشان آویخته بر دیوار را تاب نمی‌داشت
تبعیدشان گویی از پی دسیسه‌ای بود
پنهان و بی‌صدا
که از آن تک چهره مرموز و همگنانش
تنها پَریده نقشی از قاب‌ها
بجای ماند بر چوب دیوار
هیچ‌کس پرسشی نکرد
و شاید افسوسی هم نخورد
گویی چنین سرانجامی را همگان پذیرفته بودیم.

حال شاید در کنج انباری گمنام
آن مورخ نامدار، یا هر که بود
در کنار دیگر پیشینیان
روی به دیواری خاک می‌خورد
شاید در کتابخانه‌ای نیز
دسترنجش میان هزاران کتاب خُرد و بزرگ
باد می‌خورد چشم به راه مورخی بنام
تا در پانویس کتابش یادی از او کند
یا دانشجویی جویای نام

تا نامی از او آورد در نشریه‌ای گمنام.

نمی‌دانم اما
آن پرده خفته در انبار
و آن کتاب‌های نشسته در انتظار
یادگاری هرچند گذرا
از آن تک‌چهره گمنام
بر رواق پُر نگار زمان خواهند نگاشت؟
یا که آن توئیدپوش رانده از تالار
جاودانه به وادی فراموشان رفته است.

امرداد ۱۳۹۹

بر دروازه گورستان Grove Street, New Haven چنین نوشته:

"The Dead Shall be Raised."

1 Corinthians 15:52

دروازه رستاخیز

دشتِ رستاخیز را دروازه است این
یا که خاک خفتگان را درگهی خاموش و سنگین
کاین چنین سخت استوار
بسته گِردش این حصار؟
درگهی گویی از آن معبدی
روزگار مصر باستان
کو پیامی دارد از عهد نو بر سَر
سخت و تیره نَقر بر سنگ

خالی از هر درنگ و رنگ
کو باز خواند زندگان را زار:
"مردگان خیزانده می‌گردند دیگر بار!"
بازگشت مسیحی را گوییا
چشم دارد به راه
از فراز ابرها، بیگاه
تا که نو سازد دیار مردمان را باز
تا نوازد بانگِ پایان جهان را ساز.

در غروب آن زمستان
سرد و خامش خیره در چشمان من
آن دربسته گورستان
جادو دژی را می‌نمودی سَهم
کو باز می‌داشتی زندگان را
از دیار خفتگان پشت حصار
می‌گشودی گاهگاه دروازه را در
تا که چابک دَرکشد
خفته‌ای دیگر به بستر.

منتظر گویی نشسته روز رستاخیز را
تا ببیند هم زمین و هم زمان

تازه گردد بار دیگر
ز آن فَرَشگرد فراگستر
کو چشم می‌دارد آدمی
از صبح هشیاری به جان خویشتن
تا که یابد پاسخی
چرخه زادن، زیستن، وانگهی رفتن.

سراب

رقم مِهر تو را بَر سَر دروازه جان باز نوشتم
شهر تَن شُستم از آب مژه و راه به درگاه تو هِشتم
چشم بَر دَر همه ماندم اثر از قافله مِهر تو بینم
همه نقشی و سرابی که در خاطر خود باز سِرشتم

دیماه ۱۳۹۸

فانوس خیال

دو اخترِ فروزانش چراغی فرا راه بود
که در شامگه گیسوان
ره از باریکه راهی می‌بُرد
بر ساحلِ بکرِ خاطره
آنجا که روی جعد مواج آب
زورقی می‌رقصید
در کار صید دیرین لحظه‌های گم شده
حاصلش اما نبود
جز خُردک ماهیان آرزو
گاه نیز رخشان صدفی
خفته مروارید نغزی در میان.
آن دورتر زیب چهره‌اش
دو تابان دُرّ چو فاروسانِ روشن
بر گوشوارِ دریا بار.

کنون زان باریکه راه و زورق و آن ماهیان
وآن ساحل شام وصال
مانده تنها نقش کم‌رنگی به جای
سایه‌بازی‌های یاد روی فانوس خیال.

بهمن ۱۳۹۶

خیال دیروز

دیروز خیال تو در یاد گذشت
امروز فسانه‌ای که چون باد گذشت
فردا غم ایام پسین و پیشین
نقشی مگر از تیشه فرهاد گذشت.

بهمن ۱۳۹۸

تماشاگه راز

پیام نسیم را در بهار
جوانه‌ها شنوایند
نغمه‌های هَزاران را
نوغنچگان باغ
بانگ تُندر درختان خفته را
به پیکار تگرگ می‌خواند
تگرگ را دست خواهنده چمن پذیراست
و فرش چمن گذرگاه غزالان آبستن
در جست‌وجوی آبشخوری ایمن

آدمیان را به این تماشاگه راز چه راه؟
چه تردستانه دیو آز
به نیرنگ جاه و خِرَد
آنان را از این ساحت معصوم به در بُرد
حالیا سهم ما حیرت است
از این گردش جاودانه
که بهارش شگفتی‌ست
و زوالش نیز

شاید چو سبزه‌ای روزی
بَر دَمیم زخاکش
فارغ ز رنج و مرارت.

فروردین ۱۳۹۳

راز بهار

می‌تپد قلبی شگرف و بی‌قرار
در بازگشت هر بهار
در شکفتن‌های شکوفه بر درخت
خفته رمزی یادگار
در وزش‌های نسیمی در باغ
یا که برگی تازه رسته بر چنار
وزوز زنبور گِرد غنچه‌ای
گاه پنهان و دیگر گه آشکار
لحظه‌هایی شاد و سحرآمیز را مانَد
آن دمیدن‌ها و رویش‌ها در بهار

دشت تشنه

ای نسیم بامدادی
که از پشت دیواره‌های غفلت و انکار
پیامی از مرغزار افسانه آورده‌ای.
گوش‌ها ناشنواست
آن‌گاه که تُندر خشم می‌کوبد
بر گُردهٔ کلان‌شهری مسموم.
آن‌گاه که آخرین ببر بیشه تنهایی
به خدنگ مزدوری جان می‌دهد
تا گَردِ استخوانش، یا که دندانش، خُردک آلت نودولتی را بجنباند.
فرو افتادن آیا در تشنه دشتی پایان کار ماست؟
آنجا که کرکسان گرسنه را نیز زَهره پرواز نیست
حتی اگر که رنگین سفره‌ای بینند از لاشه
تا افق برگشاده.
در این برهوت بی‌خیالی
توشه ما چیست جز انگاره‌ای از امید؟
فریبا نواله‌ای پیچیده در حریرِ تغافل
که بوی مردار را اندک آسایشی‌ست.

گنبد مینا نشان

گنبدی مینا نشان
بر فراز آسمان
مهر و ماه آویخته از فلک
اخگران سوسو زنان
ای کاش می‌بودی چنان

زیر پا در ژرف خاک
این زمین بر شاخ گاوی استوار
گاو بر پشت نهنگی خفته در زیرین دیار
ای کاش می‌بودی چنان.

مردمی از پشت آدم و حوّای او
رانده از فردوس برین
افتاده در صحرای زیرین
ای کاش می‌بودی چنان

عصر روشن رائی ست این زمان اما
آدمی یابد خرَد در ساحتی دیگر
خالی از افسون و افسانه
از هفت روز آفرینش، زآن طوفان ویرانگر
تیز و پرسشگر راز صنع را جوید در آن "بانگِ بلند"
داند او بیش‌تر از پیش
کو ذره‌ای تنها و نابودست
هیچِ اندر هیچ
ز آمد و رفتش فلک را هیچ باکی نیست
شاخ گاو و ماهی‌اش یکسر فسانه

آن اختران آویزان از فلک
هر یکی خورشیدی ست
یا که بیرون از شمار، کهکشان در کهکشان
رفته پس تا منتهی تا به آغازِ زمان
لحظه تاریک پیدایش
آن دم بی‌وقت و بی‌مکان

کنون بیرون ز افسانه
ایستاده در آستانِ عقلِ فرزانه
آدمی داند که هستی در دمی
بَردمیده از درون نیستی
در فراخ بی‌زمان.

دی‌ماه ۱۳۹۱

فرش زمانه

زخمه‌های تند و کوبنده
بر تارهای دل
آن نقش‌های پیچ و خم
در جان تنیده
در پودِ تن هم
این گره بر آن گره
بسته بر دار فلک
تا به دست آید یکی نقشی مزیّن
چو پردیسی گَشن
قصه‌ها دارد این بافته
از درد انگشتان و سوی اندک چشمان
در هر تُرَنجی نقش رَنجی
هر بوته، هر گُل
رزم کام و ناکامی
بر هر نهالی
پرواز هر مرغی
جست‌وخیز هر غزالی
خفته امیدی و آرزویی چند
پشت هر مرغی و هر دسته گُلی

گوییا دارد نهفته در این نقش پرند
پیش انگاره‌ای از روز الست
که همان نقشه دیرینه خود می‌بافد
در رگ‌وپود جهان
در تن‌وجان تو و من هم
فارغ از دغدغه چلّه و پود
فارغ از رنگ و تُرنگ
می‌تَنَد فرش زمانه، همه رنگ.

خرداد ۱۳۸۷

ذره کوشا

آن ذره‌ام که در این گردش فلک
هیچم دوام و ثباتی ورای لحظه نیست
می‌کوشم آنکه بیندیشم این فراخ
گر دهر نگسلدم پا ز چرخ زیست

تِک تِک ساعت

تِک تِک ساعت به روی رَف
بوقِ قطاری در دوردست
ناقوسِ معبدی نزدیک
نشان دارد ز ضرب‌آهنگ عُمر
و هَم کوته لحظه‌های هوشیاری
مه‌آلوده، گنگ و مبهم
جدا مانده ز غوغای زمان
تنیده در خلوت تنهایی ما و من

خرداد ۱۳۸۰

هفت در هفتاد

روزگاری هفت بودم
حالیا هفتاد
انشایی در دبستان می‌نوشتم:
"باغبان سالخورده زیر آفتاب تابستان
چهره‌ای سوخته، پای در گیوه
می‌زند پای درختان بیل"
زآن سال‌های کودکی
تشویق این و آن، مهرِ پدر
مانده نقشی محو و مستور
لیک هفتاد را گویی هنوز
هفت و شاید هفت‌هایی هم
باشدش در اندرون
کو برآردگاه شوق خواندن
و گاهی نیز، شور معصوم نوشتن

تیر ماه ۱۳۹۶

از چه پشتی زاده‌ام

از چه پشتی زاده‌ام
چه زمان، کدام دیار
مرا چه سخن، کدام گزینه، چه اختیار؟
گر که خردمند زاده‌ام یا که خِرِف،
گر توانمند یا که بی‌کس و کار
گر که دردمند یا که زورمندم
مرا چه گزینش، کدام قرار؟
لیک دانم نیک
که به هر یاخته در تن و جانم
خفته رمزیست از نیاکانم
آن به انباز در سرشت آدمیان
هم گیاهان و جمله جانوران
بایدی هست آمدن به چرخه زیست
جبر دیگر برون شدن به وادی نیست
گر که جویی در آمد و شدش ثمری
بود آیا که یاد نیک باشد و خبری
گر بپاید به اندکی ایام
یا که جاودان باشدش بقا و دوام؟

امرداد ۱۳۹۳

یادهای رنگ باخته

در این کارزار آفتاب و غبار
از آن روزهای شادی معصوم
گرم که خُرده یادی هنوز مانده به جای
در این حضیض دود و دریوزه
جز آن‌که سپارم به ساحت فراموشی
چه راه چاره و دیگر کدام جای؟
بر این کوهپایه‌های سترونِ اکنون
نازک آهوان رمیده یاد را چه گریز
ز زهر اژدها بچگانی کمین گرفته در هر سو
خام گفتار و کین رفتار.

خرداد ۱۳۹۶

پیوندها گسسته

پیوندها گسسته
پیمانه‌ها شکسته
در سنگلاخ آشنایی
بس هرز بوته رسته
دل‌ها خموش و تنها
تَن‌ها خمود و خسته
بَر گِردِ باغ بی‌برگ
رویین دژی نشسته
دیوارها فلک‌سای
دروازه‌هاش بسته
فرهادوار بَندم امید
آن لحظه گشایش
دردا که زخم تیشه
بر فرق ما نشسته

اردیبهشت ۱۳۹۶

قهوه‌خانه درویش

کنار جاده خاکی
جوار باغکی متروک
اتوبوس ما ایستاد
راه شیراز به جهرم را
شب پیش آب برده بود.
ناخوشایند برای مسافران عجول
خوشایند اما برای قهوه‌خانه درویش
با چناری سترگ بر درگاه
افتاده تنها پشت فرسخ‌ها
میزبان مسافران خواب‌زده
که تا بِستُرند غبار چهره ز راه
و ناشتایی را درآمیزند با دمی آسایش
از رنج دست‌اندازهای استخوان‌شکن
و مِهی غلیظ و نَفَس بُر
از دلهرهٔ درّه ژرف
که در هر خَمی به طنازی
چرخ اتوبوس را به دامن خود فرا می‌خواند.

در آسایش قهوه‌خانه

زمین نم زده و تازه رُفته
ماکیان همه‌جا در طلب دانه
بره‌ای دو سه نیز در پی مادر.
بی هیچ تکلّف
روی تخت‌فرشی کنارِ حیاط
جرعه‌ای چای در برابر
گِرده نان و تکه پنیری از آبادی مجاور
پاکیزه سحری بود
لحظه برآمدن خورشید
بر پهنه خاموش دشت ارژن.
دمی یگانه که نشان از بی‌نشانی داشت
در هزار بیشه خواب و خیال
جولانگاه شیران در آن نیزار
و غزالان به گِرد آبشخور
فارغ از دستبُرد ددان و آدمیان
دور از تاراج زمانی اکنون زده
بی‌گذشت و بی‌گذشته.

ندای راننده
از آن ساحت خیالم به اکنون فرا خواند
در بازگشت به اتوبوس

پشت تابلوی سردر قهوه‌خانه
به خطی عجول و ناشیانه:
"این نیز بگذرد"
بدرقه‌مان کرد.

مهر ماه ۱۳۸۹

بر پیشانی

چه زود گذشت
زودتر ز آنچه می‌پنداشتیم
قماری هم نبود به راستی
چه که روزگار از آغاز دستمان را خوانده بود
یا که شاید بر پیشانی‌مان نیز
از اول نوشته بود به عیان
تنها ما نمی‌دیدیم
نقشش را در آیینه زمان
تنها ما نمی‌دانستیم
آن ترفندهای بی‌امان
که فلک با ما باخت
بی‌باک و بی‌پروا
آن‌گه که تاخت.

آبان ۱۳۹۹

شهر یادها

گرداگرد شهر یادهایم
حصاری ست رفیع
دژی سَر در ابرهای هراس و دلهره
که سال‌هاست دیو نسیان
بر دروازه آن به دژبانی نشسته
تا کِه آیند و روند هر خُرده یادی را وا رسد
و به نیرنگی بازش اندازد
به دوراهه خطا و نیستی.
بُوَد آیا که نقبی کاویده زیر دیوار فراموشی
رساندَم به دریچه‌ای باریک
گشوده در گذشته‌ای متروک
به باغ بِکر خاطره‌ها
تا میوه‌ای چند برگیرم از نهال خردسالی
ره توشهٔ کهن‌سالی؟

آذر ۱۳۹۵

به یاد هوشنگ ظریف

زخمه‌های ظریف

ظریف زخمه‌هایش بر تار
زخم‌های ما راست مرهم
لطیف نغمه‌هایش پر شور
غوغای درون را رهایی از غم
چابک انگشتانش روی پرده‌ها
بسته تارهای دل را به هم

اسفند ۱۳۹۸

تبار ایرج

ما از تبار همان ایرج‌ایم
که حالی هزاره‌هاست
زخمِ کهنهٔ نابرادری را بر قفای خویش
تاب آورده‌ایم
و بدان داغ دیرین جای خویش را
در گردش زمان دریافته‌ایم
با زخمی بر سَر و دشنه‌ای در پشت
هنوز آن آه ناباوری
از میان جان‌مان رخت بر نبسته است
آن‌گاه که دست فرا روی گرفتیم
و نابرادران را نهیب زدیم
که تخت و تاج از آن شما باد
و سپاه و درگاه نیز
تا در میانهٔ جهان بَر سریر قدرت نشینید
و مرا باز گذارید تا از دست‌رنج خویش
روزگار به سر آرم
و زیستن را به چاشنی دانستن بیامیزم.
اما چه سود که تُندر خشم و خشونت

در آن باغ بی‌گیاه
تنها درخت کین به بار آورد
و نابرادران نابکار را بر اریکه قدرت
جز دروغ و آز میراثی نماند
دیگر این ایرج‌یان را چه اُمید
که بیرون جهند ز ورطهٔ بیداد
و بینند سواد باغی پُر ز مِهر و نگار
دوردست و آغشته در غبار؟

آذر ۱۳۸۹

کدام رستم دستان

کدام رستم دستان، کدام گرز گران
کدام رخش درخشان، کدام ببر بیان
که بر آرد دمار
زین هفت سَر اژدهای خفته بر سر خُم؟
کدام رستم دستان، کدام گرز
که بپوید دلیر، هفت خوان محنت را
و به زیر آورد ز سریر
اژدهای آتشین دَم را
و هم به بند در آرد در مغاره کوه
ماردوش رنج و ماتم را
که خورده مغزِ بسی دُخت و پُور شهر پُر غم را؟

خرداد ۱۴۰۲

خر وامانده

خر وامانده و تنها
ایستاده بی‌کس و حیران
در بیابان
رها از جور اربابش
ولی بر تن بسی دارد نشان
مهمیز و سیخونک
شلاق‌های بی‌امان
رنجور و خسته یاد بی‌رنگی دارد او
از روزهای سبز مرغزار
خورجینی پُر ز جو
خِرت خِرت سایش آن دانه‌ها
زیر آرواره‌های جوان.
خر وامانده تنها زیر آفتاب
نه دارد سایه‌ای بر سر
نه جفتی در کنار
جز یادهای مشوش خُردی
و زخم‌های تازیانه
دیگر چه مانده از گذشته بهر او میراث؟

خرداد ۱۳۹۰

تار و پود ما

دیروز ما، امروز ما
بر دار باشد روز ما
تا چرخِ نخ‌ریس زمان
تاری نَهد بر پودِ ما
نقشی زند از نیک و بد
بر دفتر جان و خِرَد
بازیگر هر روزِ ما
گویی گره پشت گره
هر دم زند بی‌حوصله
بر فرش رنگارنگ بخت
آن رندِ عالم‌سوز ما
پیری‌ست آن استاد دهر
کو می‌تَنَد هر دَم به جبر
وانگه شکافد هم به قهر
تا واپسین دم آن زمان
کان بافته بی رسم و ره
پایان بیارد روز ما

خرداد ۱۳۹۷

در کارگه کوزه‌گری رفتم دوش
دیدم دوهزار کوزه گویا و خموش

کوزه‌گر دهر

در کارگه کدام کوزه‌گر اکنون
دو هزار کوزه گویا و خموش
آغشته در غبار
خاک می‌خورد؟
آن کوزه‌گر دهر تو گویی دیریست
دست شسته است ز صُنع و هنر خویش
تا بسازد کوزه‌ها از گِل آدم
و به پیمانه زند نیمه شبان
یا که بازش به زمین بر زند و بشکندش صبحگهان
گوییا نیک همی‌داند اوی
کانچه می‌ساخت هزاران به هزار
می‌نهادی به تماشا
به درِ میهمانخانه ایام
حال دیریست نشسته به عبث بر سَرِ رَف
قصه کوزه‌گر و کوزه بی‌مقدار

دگرش نیست خریدار
منتظر تا که برآید دستی
ز آستینِ فلکِ چابکِ غدّار
همه را یکسره در هم شکند.

فروردین ۱۳۹۶

وهم شبانه

چه تنها می‌رود خاموش و لرزان
با عصا در مشت
کوچه‌باغ پُر خَم شب را
آن خمیده پشت
در هوای تیرهٔ وهمی غبارآلود
زیر سوسوی چراغی کم‌فروغ
آویخته بر تیرکی در نبش کوچه
سایه‌اش از پشت می‌لغزد بر زمین
از میانِ دهلیزی دراز و آب‌رُفت
درهم و مغشوش
گاه تنها
گاه با نقش درختان جفت.

شهریور ۱۳۹۲

درگهی که نبود

زدیم پای طلب در گذرگهی که نبود
زدیم دست تمنا به درگهی که نبود
چو عهد کردم از اول ز عقل توشه بسازم
نماند در کفم آخر نه مایه‌ای و نه سود

آبان ۱۴۰۳

عباس امانت

عباس امانت تاریخ‌نگاری‌ست که از سر تفنن گاهی شعری هم می‌سراید. این کتاب گزیده‌ای از سرایش‌های اوست. متولد ۱۳۲۶ خورشیدی و دانش‌آموخته دبیرستان البرز و دانشکده ادبیات و علوم انسانی دانشگاه تهران است. دکترای خود را در دانشگاه آکسفورد درباره نهضت‌های رستاخیزی در ایران در ۱۹۸۱ میلادی به انجام آورده. وی چهل‌ویک سال تدریس کرده و حال استاد ممتاز و صاحب کرسی ویلیام سامنر در بخش تاریخ دانشگاه ییل است. کتاب‌ها و مقالات چندی نگاشته است و آخرین اثر در دست چاپ او به زبان فارسی گاهشماری خورشیدی و هویت *ایرانی* است.

انتشارات آسمانا (تورنتو) منتشر کرده است:

پژوهش‌های علمی و دانشگاهی

- *Shape of Extinction,* by Bijan Jalali, Translated by Adeeba Shahid Talukder and Arai Fani, 2025.
- *Music on the Borderland: Remembering and Chronicling the 1979 Revolution's Shadow on Iranian Music*, by K. Emami, 2024.
- *Whispers of Oasis: Likoo's Poetic Mirage*, by M. Ganjavi, A. Fatemi and M. Alimouradi, 2024

- *زبان، انسان و جامعه: ادبیات و زبان‌های اقلیت در ایران*. ویرایش امیر کلان، مهدی گنجوی، آنیسا جعفری، و لاله جوانشیر، ۲۰۲۴
- *تنگلوشای هزار خیال: جستارهایی در ادب و فرهنگ*، رضا فرخفال، ۲۰۲۴
- *دلالت‌های تحلیل طبقاتی در سرمایه‌داری امپریالیستی*، محمد حاجی‌نیا و شهرزاد مجاب، ۲۰۲٤
- *شبِ سیاه و مرغان خاکسترنشین؛ شعر نیما در دهه‌ی دوم: ۱۳۲۱ ـ ۱۳۱۱*، ۲۰۲٤
- *حافظ و بازگویی*، تالیف رضا فرخفال، ۲۰۲٤
- *زنان کُرد در بطن تضاد تاریخی فمینیسم و ناسیونالیسم*، تالیف شهرزاد مجاب، ۲۰۲۳

- شورش دهقانان مکریان ۱۳۳۲ ـ ۱۳۳۱: اسناد کنسولگری، مکاتبات دیپلماتیک و گزارش روزنامه‌ها، پژوهش امیر حسن‌پور، ۲۰۲۲

تصحیح انتقادی

- تاریخ شانژمان‌های ایران، تالیف میرزا آقاخان کرمانی (به کوشش م. رضایی تازیک)، ۲۰۲٤
- رستم در قرن بیست‌ودوم (تصحیح انتقادی و مصور)، تالیف عبدالحسین صنعتی‌زاده (ویرایش م. گنجوی و م. منصوری)، ۲۰۱۷.

شعر

- خمار صدشبه، شعر از منصور نوربخش، ۲۰۲۵.
- دفتر الحان، شعر از امیر حکیمی، ۲۰۲٤.
- با سایه‌هایم مرا آفریده‌ام، شعر از هادی ابراهیمی رودبارکی، ۲۰۲٤
- شهروندان شهریور، غزل از سعید رضادوست، ۲۰۲٤
- آینه را بشکن، شعر از نانائو ساکاکی، ترجمه مهدی گنجوی، ۲۰۲٤
- عجایب یاد، شعر از امیر حکیمی، ۲۰۲۳
- کهکشان خاطره‌ای از غروب خورشید ندارد، شعر از مهدی گنجوی، ۲۰۲۳
- غریبه‌هایی که در من زندگی می‌کنند، شعر از مهدی گنجوی، ۲۰۲۱
- تبعیدی راکی، شعر از علی فتح‌اللهی، ۲۰۱۸

داستان

- *An Iranian Odyssey,* a novel by Rana Soleimani, 2025.
- *مستیم و خرابیم و کسی شاهد ما نیست*، رمان از مهدی گنجوی، ۲۰۲۵.
- *اسباب* شر، رمان از جواد علوی، ۲۰۲۵.
- جلوی *خانه ما یکی مرده بود*، مجموعه داستان از اکبر فلاح‌زاده، ۲۰۲٤
- زینت، رمان از وحید ضرابی‌نسب، ۲۰۲٤
- *فیل‌ها به جلگه رسیدند*، رمان از کاوه اویسی، ۲۰۲٤
- *مقامات متن*، رمان از مرضیه ستوده، ۲۰۲٤
- *انتظار خواب از یک آدم نامعقول*، مجموعه داستان از مهدی گنجوی، ۲۰۲۰

نمایش‌نامه

- یوسف، یوزف، جوزپه، نمایش‌نامه از علی فومنی، ۲۰۲۵.
- *درنای سیبری*، نمایش‌نامه از علی فومنی، ۲۰۲٤

برای ارتباط با نشر آسمانا:

asemanabooks.ca

This is a collection of Persian poems by Abbas Amanat composed between 1991 and 2024. Some are in the style of Persian *ghazal* and others in free verse.

Zir-e Gonbad-e Dawwar
(Under Revolving Dome)

Poems in Persian
by

Abbas Amanat

Asemana Books
2025

I0245655

www.ingramcontent.com/pod-product-compliance
Lightning Source LLC
Chambersburg PA
CBHW031403160426
43196CB00007B/874
* 9 7 8 1 9 9 7 5 0 3 0 6 4 *